陈氏太极拳老架图片·口令

张金菊　编著

科学技术文献出版社
SCIENTIFIC AND TECHNICAL DOCUMENTATION PRESS
·北京·

图书在版编目（CIP）数据

陈氏太极拳老架图片·口令 / 张金菊编著. —北京：科学技术文献出版社，2018.4
ISBN 978-7-5189-4072-1

Ⅰ. ①陈… Ⅱ. ①张… Ⅲ. ①陈式太极拳 Ⅳ. ① G825.11

中国版本图书馆 CIP 数据核字（2018）第 053258 号

陈氏太极拳老架图片·口令

策划编辑：孙江莉　　责任编辑：李　晴　杨瑞萍　　责任校对：文　浩　　责任出版：张志平

出 版 者	科学技术文献出版社
地　　　址	北京市复兴路15号　邮编 100038
编 务 部	（010）58882938，58882087（传真）
发 行 部	（010）58882868，58882874（传真）
邮 购 部	（010）58882873
官 方 网 址	www.stdp.com.cn
发 行 者	科学技术文献出版社发行　全国各地新华书店经销
印 刷 者	三河市南阳印刷有限公司
版　　　次	2018年4月第1版　2018年4月第1次印刷
开　　　本	710×1000　1/16
字　　　数	296千
印　　　张	14.25
书　　　号	ISBN 978-7-5189-4072-1
定　　　价	39.80元

版权所有　违法必究

购买本社图书，凡字迹不清、缺页、倒页、脱页者，本社发行部负责调换

序一

传承　发扬　奉献

　　著名太极拳大师马虹之爱徒张金菊，湖南省常德市人，她根据其师授拳时的记录，以及20多年来练拳、教拳的经验和体会，整理完成了这部书稿。该书的问世，为陈式太极拳爱好者提供了很好的教学范本，为普及推广陈式太极拳、弘扬马虹精神做了件有意义的事。

　　陈式太极拳创于明末清初，由河南温县陈家沟的明朝战将陈王廷，吸收了当代武术众家之所长，并结合《易经》《内经》等中医理论及道家导引吐纳等仙修之术融合而成。此后，陈氏家族将此拳视为至宝，世代相袭，一直秘不外传，直到陈长兴时，才首传外姓人杨福魁（杨露禅），并逐步发展成陈、杨、吴、武、孙等各大流派。太极拳种类虽多，但拳理同一，各有所长。陈家世代传习的太极拳，高手辈出，到陈发科时，他于1928年被邀请到北京授拳。从此，太极拳开始广为传播，并逐步走向了世界。

　　先师陈发科一生不为名利所动，讲信义，重武德，谦虚谨慎，京都武术界尊为"太极第一人"！先师跟人比武，从不伤人。每遇想试试功夫的人，总是说："俺不中！"实在推不掉的，就说："来吧，你尽管使劲，我不会伤你，你若摔着我，没关系，向你学习！"而结果总是对方不能取胜，没有对手。

　　我1919年9月1日出生于北京。1942年毕业于北京大学工学院电机系。13岁跟我二哥杨益臣学习陈式太极拳，后又随二哥向陈发科老师学拳。"文革"后期，我在北京月坛公园陈式太极拳辅导站义务授拳至今，除大年初一和特殊天气外，从不间断。

　　2013年6月的一天清晨，张金菊在月坛公园拳场找到了我。虽是初次见面，由于爱好相同，我们就像久别重逢的朋友。从此，我们成了忘年交。

2014年清明时节，《陈式太极拳分解动作图片·口令》作为内部资料印刷成册。张金菊将资料带到了北京，我去过金菊教学的华夏基金、社保基金两个拳场，学员们反映不错。

今天，马虹先生的爱徒张金菊将自己的所学、所记、所悟整理成书，正式公开出版发行，把这些宝贵心得，无私地奉献给广大陈式太极拳爱好者。这部书的出版，为深入研究陈式太极拳提供了新的资料，为推广和发展陈式太极拳做出了贡献。

2017年12月于北京

序一

金菊荣秋在幽馨

认识张金菊有好多年了,她是陈式太极拳界一名活跃而颇有声望的人物,是马虹先生的一位得意而虔诚的弟子。

我经常在国内一些大型的太极拳活动中,看到一路生风且乐呵呵的她。观看她的太极拳表演,堪称是一种视觉享受,听她条理娓娓地讲拳教拳,春风细雨,润物有声。从她传承太极拳的理念、方法和精神上,我们似乎看到了马虹先生的"影子",再次领略到了马老师的太极拳工匠精神。这种具有太极拳大家风度的工匠精神的传承,是太极拳之幸,可喜可贺。

前几年,张金菊在北京教拳,我采访她的时候,她给我拿出一份正在整理的资料,说是回忆马虹先生的文章,2万多字。她说,师父的感人事迹说不完。她讲了很多事,如数家珍。例如,师父一辈子不让弟子们给他祝寿、为给自己设宴庆生的弟子买单,收徒拒收红包,免费为远道而来学拳的困难学员提供食宿并买返程车票,为弟子做饭、倒水,夫妻几十年坚持自己在家互相理发等。这些看起来很平凡的事情,马老师一辈子坚持做了下去,难能可贵,感人!伟大!

张金菊给我说,马老师去世前,她就决心好好写一本介绍马老师的书,让大家了解这一位为太极拳无私奉献的老人。但马老师很低调,不让做。现在马老师走了,大家都怀念他,她一定要抽时间好好写点回忆文章。说着,她送我几份她简印的资料,是教拳口令。这是初学拳者很难得的行拳指南,也是我送给同道后被纷纷叫好的资料。张金菊讲,这是她原来跟随马老师当助教时,根据马老师生前教学口令整理的。我赞赏她的细心留意与尊师之德,并曾鼓励她将这些资料出版。

张金菊将师父作为人生楷模,对马老师传授的太极拳教拳方法,也是无遗地继承。我在教拳现场,看到她教拳前对学员精神状态的导入、讲拳、领拳和让弟子们进入模拟教练的状态而轮番领喊口令……做得认真、科学而规范。她说,这一切,都是马老师生前传授的方法。

　　现在,经过张金菊的整理,体现马虹先生教拳方法的太极拳行拳口令,以崭新的面貌和大家重新见面了,这是她二十几年来的心血结晶,也是向师父太极拳事业传承的一种汇报。此书对广大太极拳爱好者习拳练拳,将起到很好的指导作用。

　　感谢张金菊为太极拳事业的奉献精神!

　　衷心地希望广大太极拳爱好者,在传播太极拳形体文化的同时,将太极拳蕴含的道德层面的精神文化好好传承下去。

　　(题目语出晋·王淑之诗:《兰确铭》句,"兰既春敷,菊又秋荣……孰是芳质,在幽愈馨")

温县太极拳开发委员会原主任
温县国际太极拳年会原常务副秘书长
温县体育局原局长
中国国际太极拳网站主编

原报会
2018年元月于河南温县

目录

第一章 走进陈家沟——陈氏太极拳

第一节　太极拳的创编……………………………………1
第二节　太极拳多种流派的形成…………………………3
第三节　历代陈氏太极拳传承……………………………7

第二章 陈氏太极拳第一路分解动作拳照·口令

一　预备式……………… 8	十七　庇身锤（含背折靠） 36
二　金刚捣碓…………… 9	十八　青龙出水………… 38
三　懒扎衣……………… 11	十九　双推掌…………… 39
四　六封四闭…………… 13	二十　三换掌…………… 41
五　单鞭………………… 15	二十一　肘底锤………… 42
六　金刚捣碓…………… 17	二十二　倒卷肱………… 43
七　白鹤亮翅…………… 19	二十三　退步压肘……… 45
八　斜行………………… 21	二十四　中盘…………… 47
九　初收………………… 23	二十五　白鹤亮翅……… 49
十　前蹚拗步…………… 24	二十六　斜行…………… 50
十一　第二斜行………… 26	二十七　闪通背………… 52
十二　再收……………… 28	二十八　掩手肱锤……… 54
十三　前蹚拗步………… 29	二十九　大六封四闭…… 55
十四　掩手肱锤………… 31	三十　单鞭……………… 56
十五　十字手…………… 33	三十一　运手…………… 58
十六　金刚捣碓………… 34	三十二　高探马………… 60

三十三	右擦脚	61
三十四	左擦脚	62
三十五	转身左蹬脚	63
三十六	前蹚拗步	64
三十七	击地锤	65
三十八	翻身二起脚	66
三十九	护心锤（兽头势）	67
四十	旋风脚	68
四十一	右蹬脚	70
四十二	海底翻花	71
四十三	掩手肱锤	72
四十四	小擒打	73
四十五	抱头推山	75
四十六	三换掌	76
四十七	六封四闭	77
四十八	单鞭	78
四十九	前招、后招	80
五十	野马分鬃	82
五十一	大六封四闭	84
五十二	单鞭	86
五十三	双震脚	88
五十四	玉女穿梭	90
五十五	懒扎衣	91
五十六	六封四闭	92
五十七	单鞭	94
五十八	运手	96
五十九	双摆莲	98
六十	跌叉	99
六十一	左右金鸡独立	100
六十二	倒卷肱	102
六十三	退步压肘	104
六十四	中盘	106
六十五	白鹤亮翅	108
六十六	斜行	109
六十七	闪通背	111
六十八	掩手肱锤	114
六十九	大六封四闭	115
七十	单鞭	116
七十一	运手	118
七十二	高探马	119
七十三	十字单摆莲	120
七十四	指裆锤	121
七十五	白猿献果	122
七十六	六封四闭	123
七十七	单鞭	124
七十八	雀地龙（铺地锦）	126
七十九	上步七星	127
八十	退步跨虎	128
八十一	转身双摆莲	129
八十二	当头炮	130
八十三	金刚捣碓	131
收式		132

第三章　陈氏太极拳第二路（炮锤）
分解动作拳照·口令

一	预备式 ……	133	二十四	连环炮（二）……	163
二	金刚捣碓 ……	134	二十五	连环炮（三）……	164
三	懒扎衣 ……	136	二十六	倒麒麟 ……	165
四	六封四闭 ……	138	二十七	白蛇吐信（一）……	166
五	单鞭 ……	140	二十八	白蛇吐信（二）……	167
六	搬拦肘 ……	141	二十九	白蛇吐信（三）……	168
七	跃步护心锤 ……	142	三十	转身海底翻花 ……	169
八	跃步斜行 ……	144	三十一	掩手肱锤 ……	170
九	煞腰压肘拳 ……	146	三十二	转身六合 ……	171
十	井缆直入 ……	147	三十三	左裹鞭炮（一）……	172
十一	风扫梅花 ……	148	三十四	左裹鞭炮（二）……	173
十二	金刚捣碓 ……	149	三十五	右裹鞭炮（一）……	174
十三	庇身锤 ……	150	三十六	右裹鞭炮（二）……	175
十四	撇身锤 ……	152	三十七	兽头势 ……	176
十五	斩手 ……	153	三十八	劈架子 ……	177
十六	翻花舞袖 ……	154	三十九	翻花舞袖 ……	178
十七	掩手肱锤 ……	155	四十	掩手肱锤 ……	179
十八	飞步拗鸾肘 ……	156	四十一	伏虎 ……	180
十九	运手（前三）……	157	四十二	抹眉红 ……	181
二十	高探马 ……	158	四十三	右黄龙三搅水 ……	182
二十一	运手（后三）……	159	四十四	左黄龙三搅水 ……	184
二十二	高探马 ……	160	四十五	左蹬脚 ……	186
二十三	连环炮（一）……	161	四十六	右蹬脚 ……	187

四十七	海底翻花	……	188	六十	回头当门炮	…… 201
四十八	掩手肱锤	……	189	六十一	玉女穿梭	…… 202
四十九	扫蹚腿（转胫炮）…	190	六十二	回头当门炮	…… 203
五十	掩手肱锤	……	191	六十三	撇身锤	…… 204
五十一	左冲	……	192	六十四	拗鸾肘	…… 205
五十二	右冲	……	193	六十五	顺鸾肘	…… 206
五十三	倒插	……	194	六十六	穿心肘	…… 207
五十四	海底翻花	……	195	六十七	窝里炮	
五十五	掩手肱锤	……	196		（又称窝底炮）…	208
五十六	夺二肱（一）	……	197	六十八	井缆直入	…… 209
五十七	夺二肱（二）	……	198	六十九	风扫梅花	…… 210
五十八	连环炮	……	199	七十	金刚捣碓	…… 211
五十九	玉女穿梭	……	200	七十一	收式	…… 212

后记……………………………………………………………………… 213

一路、二路拳
教学视频合辑
微信扫码购买

第一章

走进陈家沟——陈氏太极拳

陈氏太极拳是祖国武术宝库中的一颗明珠，也是具有中国特色的传统体育项目之一。它以独特的健身、技击、修身养性功能，在武林中独树一帜，深受广大人民群众喜爱。数百年来，代代相传，绵延不绝，名手辈出，流派纷呈。追根溯源，它的发祥地在河南温县陈家沟。

第一节 太极拳的创编

陈家沟，位于温县县东之清风岭上，600年前称常阳村。明洪武五年（公元1372年），山西泽州（今晋城）郡东土河村的陈卜率全家由山西洪洞县迁居怀庆府（今沁阳市）温县城北，以人名为村名，立村陈卜庄。越二年，因嫌地势低洼，复迁至常阳村。后因陈氏人丁繁衍，家传武术又在附近大有声望，加之村中沟壑纵横，久而久之，人们便易常阳旧名为陈家沟。

陈氏以耕读传家，闲暇习练家传武术，代代相传。转眼200余年过去，到了陈氏第九世，出了一位武学泰斗，"文事武备皆卓越於时"，名曰王廷，字奏庭。他天资聪慧，勤奋好学，不但深得家传武术精髓，于武功一道出类拔萃，而且熟读诸子百家，涉猎经史古籍，学识渊博。他年轻时常走镖山东一带，匹马单刀，使沿途黑道贼寇闻名丧胆。崇祯年间，被擢为县乡兵守备。未几，明亡而满清入关，社会动荡不安。他空怀壮志，报国不得其门，遂隐居故里，整日以《黄庭经》，道家著作为伴。读书习武之余，倾心搜集、整理民间武术，较其同异优劣，加以继承和创新。晚年立志创拳，以遗后世。他遗下的长短句《叙怀》最能代表他当时和以后一段时间的心境。《叙怀》中说："叹当年，披坚执锐，扫荡群氛，几次颠险。蒙恩赐，枉徒然。到而今，年老残喘，只落得《黄庭》一卷随身伴。闲来时造拳，忙来时耕田。趁余闲，教下些弟子儿孙，成龙成虎任方便……"于是，他在祖传拳术和多年研究民间武术基础上，将自己所得与《河图》《洛书》之太极阴阳八卦学说，道家导引，吐纳及中医经络学说及《拳经》典籍相结合，融诸家之长为一炉，呕心沥血，创编出一种阴阳开合、虚实转换、刚柔相济、快慢相间、老少咸宜的拳术套路。计有五套拳、五套锤、十五红、十五炮、红炮锤、一百单八式长拳及别开生面的演练方法双人推手等。又据此理，创编了刀（单、双），枪，剑（单、双）棍，锏，双人粘枪等武术器械套路。这些拳械套路均据太极之理，由无极至太极，由无相而生有相，由静而生动，每个招式都分阴阳（虚、实、刚、柔、静、动等），形成了太极拳、械的雏形。新拳创编后，即在陈氏家族中世代相传。据国家体委唐豪考证这便是我国最早的太极拳。

  这一节希望大家记住：太极拳发源地——河南温县陈家沟，其次要记住太极拳创始人——陈王廷。

第二节　太极拳多种流派的形成

上一章讲了太极拳的创编请大家记住：太极拳的发源地河南温县陈家沟，另外讲了太极拳的创始人——陈王廷，除此之外希望大家先了解几个历史人物。陈王廷所创太极拳的主要传人有：朋友蒋发，堂侄陈汝信、陈所乐。

蒋发（约1587—1674），陈家沟人习惯呼之为"蒋把式"（那时对长、短工的称呼），籍贯待考。出身贫寒，为明末登封农民起义首领李际遇部将。起义期间，结识了因考武举杀人赴李处避祸之陈王廷。后李败被诛，蒋流落江湖，后投陈家，与陈王廷名主仆而实友。因对陈创太极有所贡献而得其真传。所以，陈晚年画像时，蒋持刀立其背后。

陈所乐与其兄弟陈汝信同为太极拳第二代宗师。陈所乐生性豪爽，爱打抱不平，深得乡亲们和江湖武林同道推崇。他因家境富裕，虽有时应朋友之邀跑趟镖事，但并不以此为生。平日在村中设帐授徒，陈氏弟子甚多，其中佼佼者有侄儿光印、正如和孪生子恂如、申如等。太极拳名家敬柏、继夏、公兆、耀兆、有恒、有本、清萍、仲甡、季甡和鑫、森、淼、焱、垚等，均为其后代传人。

陈汝信，学于陈王廷。他勤学苦练，功夫日臻炉火纯青，和师兄所乐一样，深得陈王廷喜爱，为太极拳第二代宗师。其子大鲲、大鹏皆得其真传而名满江湖。后代太极拳大师、名家，诸如：被誉为太极拳发展史上里程碑式的人物、开创拳传外姓先河而使太极拳誉满神州的陈长兴，誉满山东的陈耕耘和太极拳大师陈延熙、陈发科、陈照丕、陈照奎等皆其后代传人。

陈恂如、陈申如，陈氏太极拳第三代传人，陈所乐之孪生子。他们兄弟二人是太极拳史上具有传奇色彩的人物。二人年未弱冠而拳术精湛，幼年因见义勇为，以高超拳术斗群匪解邻村北平皋王家之围而被誉为"大天神、二天神"。王家为感二人大德，特将此编为戏剧，名曰"双英破敌"，在陈家沟唱了三天三夜。此戏竟不胫而走，一直唱到新中国成立前夕，成为太极拳史上的一段佳话。

陈巧妞，被誉为"二天神"的陈申如之女。陈申如英年早逝，巧妞由寡母抚养成人。自幼随伯父陈恂如习学家传太极拳、械，多有心得，但生性刚烈，见不得不平。婚后，因村中一恶少欺侮她公爹和丈夫，愤而出手，打死恶少，连累公爹病死狱中，后被休回娘家相伴寡母，抑郁而亡。其伯父陈恂如从此立下"陈家拳传男不传女"的门规。

陈长兴（1771—1853），字云亭，太极拳第六代传人。自幼受业于其父秉旺，太极拳、械出神入化。成年后以保镖为业，在武术界享有盛名，被称为"牌位大王"（意即平日练拳姿势端正，久而久之，不管走路还是站立，都立身中正）。无论看戏、赶会，站立千万人中，任凭众人如何拥挤，他脚步丝毫不动。凡近其身者，如水触石，不抗自颓。他对太极拳发展，贡献颇丰，可谓继陈王廷创拳后，在漫长的太极拳发展道路上，又树起了一座丰碑。他不但将陈王廷所创之五路太极拳由博归约，精炼归纳，不足者补之，重复者裁之，创造性地形成完整套路，即现在老架（也称大架）太极拳一、二路，并且据已所得，发展了太极拳理论。其著述流传下来的主要有：《太极拳十大要论》《太极拳用武要言》《太极拳战斗篇》《陈长兴太极拳总歌》等。这些理论著作，极大地丰富了太极拳的理论宝库，将太极拳术提高到了一个新的高度，对后人启发很大，是中华武术的宝贵财富。特别是他敢于打破门规局限，将陈家的独得之秘太极拳传于河北永年县（旧称广平府）的杨福魁（露禅），在太极拳历史上开始了第一次大发展、大普及的时期。由于他和同辈分的太极宗师陈有本及其徒陈清平的共同努力，才为今天太极拳百花争妍、欣欣向荣的局面奠定了基础。

第一章　走进陈家沟——陈氏太极拳

在本节流派形成陈长兴是最重要的人物。因为他大胆地打破了门规局限，将拳传于外姓人杨露禅，并收为其徒。杨刻苦习艺，三下陈家沟。艺成返乡后，教拳于北京。因教拳需要，杨又大胆革新，将师传老架太极拳中的高难度动作逐步舍弃，后经其子、孙修改定型，成为目前流行的杨式太极拳。满族人全佑跟杨露禅之子杨班侯学得杨式小架太极拳后传于其子鉴泉。在上海开办武学，将师承太极拳再创造，修改定型而另成一家。因鉴泉后从汉姓吴，故世人称为吴式太极拳。

和陈长兴同一辈分的陈有本，在原有老架的基础上，逐渐舍弃了某些高难度和发劲动作，变发劲为蓄劲，架势与老架一样宽大，形成了陈家沟太极拳小架套路。其侄陈清萍学得此架后，移居赵堡镇。他在师传基础上，又加圈缠丝，进一步发展，形成了与师传小架风格有所不同的小架套路。后人为区别之，称师之小架为"略"，徒之小架为"圈"。

杨露禅同乡的武禹襄，先在家乡学杨式，后又到赵堡镇随陈清萍学得太极小架，融而化之，自成一家，被后人称为武式太极拳。

其再传弟子郝和（字为真）传此拳于形意、八卦名家孙禄堂。孙取师传武式太极拳与形意、八卦融为一体，自成孙式太极拳。

赵堡镇和兆元师承陈清萍，得太极真髓，又有发展。后其徒郑悟清在西安一带授拳，声名颇著，此拳被誉为和式太极拳（亦称赵堡太极拳）。

陈清萍的另一弟子李景延（李盾），以保镖为生。他在乃师所传拳术的基础上，又糅进了自己的心得和其他武术精华，形成了与师传拳路风格迥异的太极拳套路。人们因此拳形象命名为"太极忽雷架"，在台湾和温县、武陟等地多有传人。

陈氏十七世太极拳第九代杰出传人陈发科是陈长兴曾孙，是20世纪上半叶陈家拳的掌门人。1928年许禹生把他请到北京教拳，陈照奎是陈发科幼子，父亲比较宠爱，一直留在身边，把自己年轻时练的家传低式架教给他，低架动作编排细腻，难度较高。陈发科规定其子日练20遍，陈照奎尽得家传，可以说他所传的拳架是和陈长兴一脉相承的。

马虹先生说："陈照奎老师的拳架，是他父亲陈发科家传的年轻人练的低架子，当时在北京是很少传外人的……怎么说是新架呢？陈老师在世时就不同意这种说法。"

至此，太极拳由一而二而三……

新中国成立后，国家为了普及太极拳，又便于比赛，便创编了短小的陈、杨、吴、武、孙各种比赛套路。所以，又有学院派与传统派之说。

第三节　历代陈氏太极拳传承

陈氏始祖：陈卜

创始人：陈王廷

第二代传人：蒋发、所乐、汝信

第三代传人：正如、申如、恂如、光印、大鹏、大鲲

第四代传人：郭永福、敬柏、节、继夏、甲弟、善志、善通

弟五代传人：大兴、耀兆、公兆、秉旺、秉壬、秉奇

第六代传人：鹏、应运、有序、有本、有恒、坤、长兴

第七代传人：季甡、仲甡、怀远、怀清、衡山、三德、清平、奉章、有伦、廷栋、杨露禅、花梅、花桂、耕耘

第八代传人：刘长春、庆禧、介侯、凤聚、同、復元、森、淼、鑫、焱、垚、应芳、河阳、李作智、武禹襄、张崿山、张开、和兆元、张大洪、李景炎、杨健侯、杨班侯、五典、五长、五美、浮山、延熙、延年

第九代传人：庆丰、喜元、克忠、克弟、金鳌、子明、春元、则温、松元、雪元、中立、匀金、周瑞祥、李镐、李亦畲、张国栋、杨虎、澄甫、少侯、全佑、田科、春山、以温、德裕、田峻、省山、德禄、敬忠、连科、发科

第十代传人：长义、执经、执环、伯先、伯祥、鸿烈、郝为真、明标、应德、吴鉴泉、守礼、卫国玺、王廷选、王光荣、冯志强、洪均生、雪慕尼、顾留馨、田秀臣、文田、宝璩、桂亭、茂森、照海、照丕、照池、豫侠、照奎、照旭

第十一代传人：立宪、立清、孙禄堂、郝月如、全忠、庆周、冉广耀、梦松、春雷、王西安、朱天才、正雷、德旺、克森、世通、瑜、万文德、冯逸文、凌志安、王长海、张志俊、张茂珍、马虹、乔洛山、吴崇奇、小星、小旺

第二章

陈氏太极拳第一路
分解动作拳照·口令

一　预备式

一路拳83式
教学视频
微信扫码购买

入静，全身放松，持自然状态。

自我内视，检查周身。

头颈正直百会穴上领，齿轻合，唇轻闭（下额微向里收），两眼平视前方（虚领顶劲）。

立身中正，含胸塌腰，沉肩坠肘，腰脊要有对拉拔长之感。两肩微向前卷，放松下沉，肘不贴肋，两手自然下沉贴于两腿外侧。

圆裆松胯两膝微屈有合之意，双腿内侧有后外撑之意，两脚与肩同宽，五趾抓地，涌泉穴要空。

全身放松，呼吸自然，意存丹田。

上述要点，贯穿整个拳套的始终，必须时刻注意做到。

第二章　陈氏太极拳第一路分解动作拳照·口令

二　金刚捣碓

1. 坐腕
2. 边提、边塌、边转（自左而右）
3. 微里收
4. 右下按

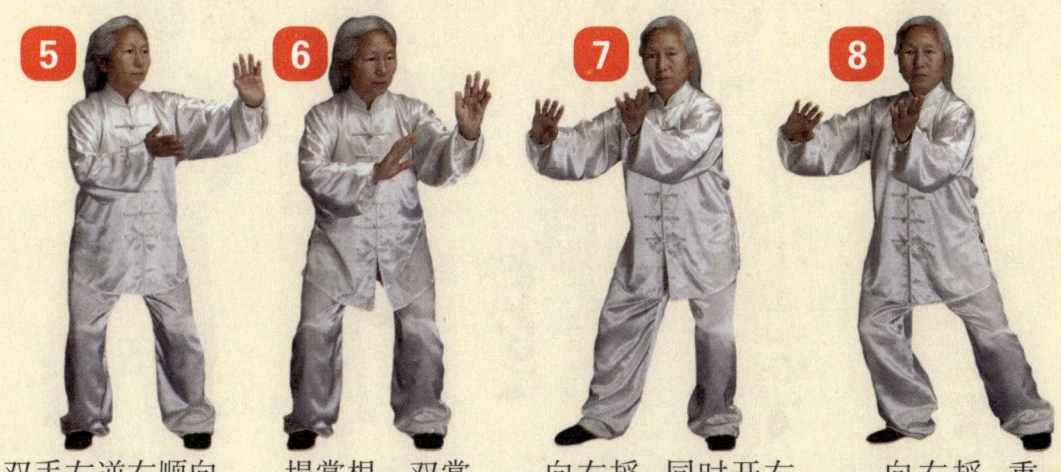

5. 双手左逆右顺向左前掤眼视左兼顾右，重心在右
6. 塌掌根，双掌走下外弧
7. 向右将，同时开右脚75度重心偏左
8. 向右将，重心偏右

陈氏太极拳老架图片·口令

9 沉肩坠肘松胯，倒重心，收提左膝（肘膝相合）

10 脚向左前下蹬，手向右后上捋，重心偏右意左

11 沉，裆走下弧倒重心

12 上身中正，左肘与左膝相合，左手掌心向下，右手侧立掌与右膝合

13 开左脚脚尖向前，撩掌上步（右脚走里弧）三点同时到达（左手、右手、右脚）

14 合沉（突出左肘）

15 沉，握拳

16 提膝落掌，吸气，突出右肘

17 震足沉气，手与小腹约一拳之隔，两脚与肩宽

第二章 陈氏太极拳第一路分解动作拳照·口令

三 懒扎衣

1. 双手顺缠右前引
2. 走下弧自右而左上,再变掌
3. 向前上掤出,双腕交叉点在眼前中线
4. 加掤劲

5. 预开先合

6. 重心由左变右,两虎口说上话(指左右双掌虎口相对)
7. 沉,身微右转(重心移左)

陈氏太极拳老架图片·口令

8 提右膝,肘膝相合

9 左手走上弧,右手走下弧。再手合脚开,蹬右脚(略后落脚,大约半脚掌)

10 走右肩胯靠(右手左前上引,肩胯右后靠),重心由左变右

11 扣左脚,加掤劲,以腰带动,吸气

12 走肘走手,向右展开,略走上弧

13 塌掌根,身略左转放松,呼气螺旋下沉(重心略偏左,弓右脚,蹬左腿)

第二章 陈氏太极拳第一路分解动作拳照·口令

四　六封四闭

身微右转，加掤劲再微左转，向左前下引（丹田和两手同时转一圈）

右手引至腹前中线外折腕 45 度夹角，右肘与左膝里合，重心偏右

合，左手虎口贴腹，右手逆缠旋转至左肘下，右手臂里侧外掤保持半圆形

双臂腕交合处向右上

挤，下边对准右膝，两臂里侧形成半圆，重心偏左

下塌

陈氏太极拳老架图片·口令

外碾（两手相距一小臂远）重心偏右　　坠肘开胸　　旋腕

合掌挑肘，眼看右　　沉

跟步按掌呼气　　略顺缠，重心在右

第二章 陈氏太极拳第一路分解动作拳照·口令

五　单鞭

双手顺缠螺旋上升，身螺旋下沉，重心偏左（注意手合肘开）

旋腕进肘变右，勾手掤出

开左胸，右腕同肩高，左手沉至腹前眼，看勾手，重心偏右

沉，提左膝，肘膝相合，眼看左前，吸气沉胯

贴地略后半脚掌蹬出，重心偏右

陈氏太极拳老架图片·口令

沉,扣右脚靠

穿掌,坐腕,倒重心

沉

左手略走上弧,吸气开,
重心偏左

塌左掌根,正身,放松,呼气,
下沉,勾手掤圆,两虎口说上话,
重心略偏右

六　金刚捣碓

1 左前掤

2 右上捋

3 右下按

4 左前发

5 左前掤

6 走大捋

7 沉，裆走下弧

8. 倒重心（肘膝相合）

9. 开左脚，撩左掌，穿右掌，上右步（右脚走里弧），三点同时到达（左手、右手、右腿）

10. 合沉，指尖朝前，突出左肘

11. 螺旋握拳，沉

12. 提膝，吸气，沉胯

13. 震足沉气，手与小腹一拳之隔，重心在左

七　白鹤亮翅

双顺缠右前掤

再走下弧变掌，向左上

再向右前上掤出，双腕交叉在眼前上中线

加掤劲

身微左转，欲开先合

重心由左变右，虎口斜向相系相连（左右双掌虎口相对），开中寓合

陈氏太极拳老架图片·口令

沉身微右转，
（重心移左腿）

提右膝，肘膝相合

斜脚落步，手合脚开（步子要小）

走肩跨靠

加掤劲，斜向捌开，跟步突胯，两虎口说上话

由逆缠开变顺缠，劲运至中指肚，裆既虚又圆

八　斜行

1. 右手右引胸开，左胯沉屈膝，左脚先顺再逆缠外旋

2. 右手走上弧，向左打

3. 左脚逆缠，开右脚，右手沉，开左胸，左手上升

4. 向右打，身螺旋下沉，重心在左

5. 裆走下弧，倒重心，提左膝，肘膝相合，扬指坐腕，略左掤

6. 左蹬右捋，重心在右

7　搂膝，右掌合于右耳旁

8　左手变勾下折腕，上提，右掌按

9　右掌推出，裆走下弧，倒重心

10　突出掌根，略走上弧开

11　正身放松，呼气下沉

第二章　陈氏太极拳第一路分解动作拳照·口令

九　初收

1　身微右转，手合肘开，掌心朝下，指尖相对，重心偏左

2　身微左转开（手升身沉）

3　又微右转合掌心朝上

4　上托（手合肘开），扣右脚，重心偏左

5　双手下按，扣左脚（掌心朝下）倒重心

6　欲提左膝，先沉

7　提左膝双手下採

十 前蹚拗步

提膝，扬指坐腕

右下捋

左外摆脚

脚落地，手交叉同时完成（走肘走手，眼看左前）

沉，倒重心，左脚踏实

掤肘，眼看右前方

第二章　陈氏太极拳第一路分解动作拳照·口令

提右膝，肘膝相合

斜角铲出去

走肩胯靠，加掤劲

肘手掤开

放松，呼气下沉，
重心略偏左

十一　第二斜行

重心偏右，掤

偏左引

再偏右，走肩胯靠

开右脚，跟左脚

向右掤

提左膝，肘膝相合

第二章 陈氏太极拳第一路分解动作拳照·口令

7 左前蹬，右后捋

8 搂膝，右掌合于右耳旁

9 推掌，裆走下弧，倒重心

10 突出掌根

11 略走上弧，吸气开

12 正身放松，呼气下沉，胸向东

十二 再收

1. 身微右转，手合肘开，掌心朝下指尖相对，重心偏左

2. 身微左转开（手升身沉）

3. 又微右转，合掌心朝上

4. 上托（手合肘开），重心偏左

5. 双手下按（掌心朝下），倒重心

6. 提左膝，双手下採

第二章　陈氏太极拳第一路分解动作拳照·口令

十三　前蹚拗步

1　提膝，扬指坐腕

2　右下捋

3　左外摆脚

4　脚落地，手交叉同时完成（走肘走手眼看左前）

5　左脚踏实

6　掤肘，眼看右前方

陈氏太极拳老架图片·口令

提右膝，肘膝相合　　斜角铲出去　　走肩胯靠看，加掤劲

肘手掤开　　　　　　放松，呼气下沉（重心略偏左）

第二章 陈氏太极拳第一路分解动作拳照·口令

十四　掩手肱锤

1　掤、开

2　沉

3　右掌变拳，向右前撇出，左手突出腕背向左上掤，斜向展开，开中寓合

4　沉

5　提膝

6　震脚合手，向左前，上左步

陈氏太极拳老架图片·口令

开左胸，撇右拳　　　合肘　　　　对开

再开，坠肘提拳　　合（掌拳在一条直线　　打（走肩走肘走手）
　　　　　　　　　上），吸气沉胯

十五　十字手

1. 双臂掤开

2. 沉右臂，掤左臂，倒重心

3. 合，突出左肘

4. 吸气，沉，右脚跟离地，以腰带动

5. 转身向南，呼，右脚略后（突出左肘）略快

十六 金刚捣碓

1. 掤
2. 开,边开边沉
3. 沉(指尖和脚跟相合),扣左脚

4. 提膝,指尖和脚尖相合
5. 左前落脚
6. 沉,倒重心

第二章　陈氏太极拳第一路分解动作拳照·口令

左托右按　　　　开左脚，撩掌上步（右　　　合
　　　　　　　　脚里弧），三点同时到
　　　　　　　　达（左手、右手、右腿）

握拳　　　　　　沉，提　　　　　　　　震足，沉气

十七 庇身锤（含背折靠）

拳掌由右

而左而右旋一圈，拳变掌

左右掤开，掌心相对，指尖相合（重心偏左）

撤右脚，手合脚开（同十字手），重心偏左

两掌走一平面圆

变拳，突出右肘（眼看右）

双臂再掤开，虎口向上，重心偏右

双臂再逆缠掤开，再进肘，重心偏左

第二章 陈氏太极拳第一路分解动作拳照·口令

拳合肘开

掤圆，螺旋下沉，

左肘与右膝相合，右拳沉至右膝外侧

沉左拳，掤右臂

再变顺缠里合，重心偏右

逆缠扣左脚，走背折靠（右拳左肘与左脚尖成一条斜线）

十八 青龙出水

1. 以腰为主宰，左拳螺旋上升，右拳螺旋沉

2. 沉左拳，掤右臂

3. 撩左掌，收右拳，重心在左

4. 合

5. 打（右拳从左肘底下向右发，重心偏右）力点在尺骨

第二章 陈氏太极拳第一路分解动作拳照·口令

十九 双推掌

1 掤　　2 引　　3 合、沉

4 挤　　5 採

陈氏太极拳老架图片·口令

6 捌开（开左脚）

7 倒重心（扫）

8 提膝，上下合，横向开（先上开下合，再上合下开）

9 脚落手合

10 跟步推掌（斜角、手胸向东南角）

第二章　陈氏太极拳第一路分解动作拳照·口令

二十　三换掌

1. 双手顺缠穿左掌，收右掌
2. 开右胸，收右掌，身螺旋下沉，重心在左，合肘
3. 打右掌，重心在右
4. 右手下沉，开左胸，合左肘

5. 打左掌，再开右胸，重心在左
6. 合肘
7. 两肘双逆缠开，放松呼气下沉，重心偏右

二十一 肘底锤

身右转

身左转，正身合肘（左肘与右拳相合）

二十二 倒卷肱

左手上引，胯下沉，
含胸塌腰，松胯

屈膝，合肘，
吸气

开，撤步，呼气（劲
运中指肚）

再开，重心偏前

合，重心偏后，双掌根
纵向合，两肘横向合，
两膝里合

吸气，合肘，
收脚

陈氏太极拳老架图片·口令

撤　　　　　开　　　　　合

合肘收脚

撤（顿步与开臂出掌同时完成，每步以先开—合—撤—松顺序）

二十三 退步压肘

双逆缠掤开，变左顺右逆掤

左引

引靠

螺旋沉，上下合

发，右手在右眼右前方，左手在腹前中线，重心偏左（欲横向开，先上下合）

陈氏太极拳老架图片·口令

横向捯开，左手虎口贴腹，掌心向里，指尖向右前下，右手大拇指领劲，开

左手轻贴腹部下，勾腕

收腹，突出左肘与右手合

撇，出左掌，收右掌（右手抓拿手型合在左胸，其意用左手击敌胸面部）

二十四　中盘

1. 松劲收左手，抖右手（高于肩平，虎口向上，掌心向左前，指尖向右，中线偏右）

2. 胸左转，合肘

3. 出左掌

4. 右下捋

5. 开左脚

6. 倒重心

7. 走肩走手走肘走膝，蹬地而起，同时到达

陈氏太极拳老架图片·口令

8
下沉震足呼气，重心在右（动作要慢）

9
掤手撤脚（左脚迈步要虚灵，如临深渊，如履薄冰）

10
欲纵先横

11
（指尖先相合）腾空落地穿掌

12
合，沉，掌心相错

13
开

14
呼气，沉

第二章　陈氏太极拳第一路分解动作拳照·口令

二十五　白鹤亮翅

1. 身微右转，重心在左腿，开裆掤手，收右脚

2. 斜角落步，手合脚开（步子要小）

3. 走肩胯靠

4. 加掤劲

5. 斜向捌开，跟步送胯，两虎口相对

6. 由逆缠开掌顺缠合，劲运至中指肚，裆既虚又圆

二十六　斜行

1. 右手右引胸开，左胯沉屈膝，左脚顺缠外旋

2. 右手走上弧，向左打

3. 左脚逆缠，开右脚，右手沉，开左胸，左手上升

4. 向右打，身螺旋下沉，重心在左

5. 裆走下弧，倒重心，提左膝，肘膝相合，扬指坐腕，略左掤

第二章　陈氏太极拳第一路分解动作拳照·口令

左蹬右捋，重心在右

搂膝，右掌合于右耳旁

左手变勾下折腕，上提，右掌按

右掌推出，裆走下弧，倒重心

突出掌根，略走上弧开

二十七　闪通背

身微右转，手合肘开，
掌心朝下指尖相对

左转开

身右转合

掌心朝上，搓上去，
重心偏左，扣右脚

合肘扣左脚

左脚后扫

开胸

抖手，左胯下沉

合，开

第二章 陈氏太极拳第一路分解动作拳照·口令

再开

合打（右手抓拿手型）

提左膝，手背相错

落左脚

踏实穿掌，开左胸

左手顺缠下插，右手逆缠坐腕

左手上托，右手上掤，
双脚以前脚掌为轴，
突出左胯，双手过头

右腿后扫，肘膝相合

二十八 掩手肱锤

1. 沉
2. 提膝
3. 震脚合手，出左脚
4. 开左胸，撇右拳
5. 合肘
6. 开
7. 再开
8. 合（拳掌在一条线上）
9. 打（拳打在正西偏北）

第二章 陈氏太极拳第一路分解动作拳照·口令

二十九 大六封四闭

1 掤、引

2 合

3 挤

4 开左脚倒重心

5 跟右脚，手领脚随，走圆

6 提膝，开胸

7 落脚合手

8 跟步按掌

9 略顺缠推掌呼气同时完成

三十　单鞭

1. 双手顺缠螺旋上升，身螺旋下沉，重心偏左（注意手合肘开）

2. 旋腕进肘变右勾手掤出

3. 开左胸，右腕同肩高，左手沉至腹前眼看勾手，重心偏右

4. 沉，提左膝，肘膝相合，眼看左前，吸气沉胯

5. 贴地蹬出，重心偏右

第二章 陈氏太极拳第一路分解动作拳照·口令

沉，扣右脚靠　　　　　穿掌坐腕倒重心　　　　　沉

左手略走上弧，吸气开，
重心偏左

塌左掌根，正身，放松，呼气，
下沉，勾手掤圆，两虎口说上
话，重心略偏右

三十一 运手

1. 双手塌掌根，左上捋
2. 收左脚右上掤
3. 沉（加大掤劲）

4. 左掤右砍，提膝，吸气沉胯
5. 叉步
6. 穿掌倒重心

第二章 陈氏太极拳第一路分解动作拳照·口令

7 提膝，吸气沉胯，合

8 右掤左砍，迈左脚

9 左掤右砍，提膝，吸气沉胯

10 叉步

11 提膝，吸气沉胯，合

12 右掤左砍，迈左脚

三十二 高探马

1. 收右脚，掤手
2. 撤右脚，合手
3. 靠
4. 双臂开

5. 再开
6. 左臂下沉上托，右臂略向后上翻，膝里扣，同时扣右脚
7. 手合，右手旋腕，右耳下，坠肘上下相合，两手相合
8. 扫（后扣扫），收左掌，掤右掌，脚到手到，同时完成

三十三 右擦脚

1 左脚逆缠，双手右掤（身微向右转，螺旋下沉，重心偏左）

2 再左引下合，重心略右，吸气

3 沉

4 挤，呼气，身快速向右旋转下沉，重心变左，交叉点与鼻同高，动作速度要快

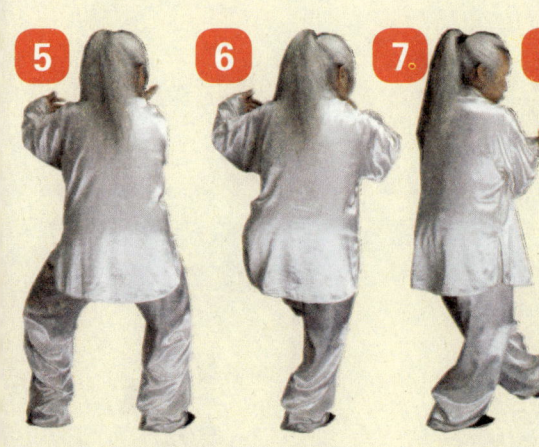

5 下塌外碾，开右脚，重心偏左，两手间距是一小臂宽，双肘下坠（动作要快）

6 提左膝，开胸

7 左脚向前45度落下，再右手左引，左手出击

8 左脚踏实，身向左转，上掤下塌，眼看右前，重心变左，（动作较慢）

9 打（动作要稳）

三十四 左擦脚

1. 身微左转，螺旋上升
2. 再向右转，螺旋下沉，右外摆脚
3. 脚落地，手交叉，同时完成，重心在左后

4. 右脚踏实，身右转下沉，双手臂上掤（即上掤下塌）重心由左变右
5. 屈膝上踢
6. 打（放松，吸气，沉胯）

三十五 转身左蹬脚

1. 双手先掤开（开胸收腹，吸气提肛，松胯屈膝）
2. 再合（左肘与左膝相合），扣右脚
3. 以脚跟为轴，扣右脚，向左转身，右掌推出，左掌收，两手撑圆（速度先慢后快）
4. 合（双手顺缠合），下沉逆缠变拳

5. 沉
6. 顺缠托起，逆缠走肘走膝
7. 逆缠捌开，走拳走脚

陈氏太极拳老架图片·口令

三十六　前蹚拗步

1. 左摆脚，脚斜角落地，手交叉
2. 左脚踏实进肘，眼看右前方，胸微左旋，沉，重心左移
3. 提右膝，肘膝相合
4. 斜角铲出去

5. 走右肩胯靠
6. 加掤劲开
7. 两臂撑圆，塌掌根放松，呼气下沉（重心略偏左）

第二章　陈氏太极拳第一路分解动作拳照·口令

三十七　击地锤

重心偏右，右掤

再偏左引

重心移左，再偏后，走肩胯靠

开右脚向右掤

跟左脚

提左膝，肘膝相合，双手变拳

左蹬右将

身向左转螺旋下沉，重心由右后变偏左前，左拳搂膝

左拳搂膝提起至左眼左前上方，臂半圆，右拳下沉至裆前中线下接近地面，拳心向右外（动作要求缓慢，沉右拳松左胯，曲右臂）

三十八　翻身二起脚

1. 扣左脚，收左拳，沉，提右拳，掤右肘，重心偏右再变偏左

2. 翻身左拳升右拳，沉，成右虚步

3. 沉左拳提右拳，右拳至右耳门前，左拳沉至腹前中线（拳心相合），倒重心偏右（速度稍快）

4. 腾空起脚"打"，先踢左脚，再踢右脚

5. 左手后扬，右手前击右脚背，双掌心皆朝下

第二章 陈氏太极拳第一路分解动作拳照·口令

三十九 护心锤（兽头势）

1. 落右脚（重心由左变右）
2. 左蹬右上捋（左脚向左方蹬出，双手左顺右逆，由左向右上方捋）
3. 收右脚，合（要求手领脚随）
4. 双手握拳，合

5. 逆缠捌开
6. 再顺缠进肘
7. 拳合肘开，螺旋向右下沉，重心偏左
8. 沉左提右，上下相合
9. 打（发绞劲）右拳偏上外，左拳偏里下

四十　旋风脚

1. 沉腕，左掤掌，以腰带动

2. 右上捋，左手在鼻前中线，右手在右眼前上，重心右

3. 右下按左下捋，左手在膝外侧，右手至两膝中线

4. 双手再上掤，左手至左眼前，右手在鼻前中线，右膝提起

5. 外摆脚

第二章 陈氏太极拳第一路分解动作拳照·口令

脚落地，右手顺左手逆交叉，重心在左后

沉，倒重心

踏实掤肘，眼看左肘尖外侧，重心偏右

双掌掤开，左手横击在左脚里侧，右手掤开，身右转至胸向北

手合脚开（重心先右后略偏左），身下沉，以上1~4动作缓慢，5~6速度较快

四十一　右蹬脚

1. 双臂加掤劲，开
2. 再开（重心偏左，开至两膝外侧，速度缓慢），掤

3. 收右脚（重心先右后左），合

4. 沉，双手变拳
5. 顺缠提起右膝，逆缠捌开，走肘走膝
6. 右蹬脚，双拳展开，右拳略高，左拳略低

四十二 海底翻花

1. 收手收脚（呼气，合，速度要快）

2. 扣脚提膝翻沉。左拳提至左耳门前，右拳先走肘，再向右膝外侧翻沉

四十三　掩手肱锤

双手略沉，提右膝，螺旋开，合

震脚，手交叉，迈左脚（重心在右）

开左胸，撇右拳

合肘

开

再开

合（拳掌在一条直线上），吸气，沉胯

打（拳打在正东偏南）

四十四　小擒打

1. 两手斜向掤开（右上左下），掌心斜相对，重心偏右

2. 开右脚倒重心，提左腕，沉右肘

3. 提膝，肘膝合，吸气，沉胯

4. 脚落地（斜角），合手（突出左肘）

5. 踏实，掤肘

6. 提左膝合

陈氏太极拳老架图片·口令

再蹬左脚（斜角，铲出时，重心在右）

左穿掌，再上托里合肘

右按，重心偏右，坠肘里合

左右手下沉，右下按，左手至腹前中线

向左前走下弧推，两手虎口斜相合至左膝上方里侧

第二章 陈氏太极拳第一路分解动作拳照·口令

四十五　抱头推山

1
（双掌变拳）开

2
双肘里合，左引右进，重心左右左

3
双拳变掌，扣左脚

4
双掌变拳，双顺缠，右后上掤（左里右外），右脚右后扫，重心在左

5
上引下进（快）重心在左，开胸突腹翻臀（慢）重心偏右，垫步转体

6
开右脚，提左膝

7
上左脚再迈右步

8
沉

9
抱头推掌（快），右手略高，左手略低，虎口相合

四十六 三换掌

1. 掌双顺缠上升，身下沉
2. 合肘
3. 出右掌，开左胸

4. 合肘
5. 出左掌，开右胸
6. 沉，双手合
7. 左逆右顺变右逆左顺，上弧掤出，走肩，走肘，走手

四十七　六封四闭

下塌

外碾（两手相距一小臂远）向左捋，重心偏右

坠肘开胸，旋腕

合掌挑肘，眼看右

沉，跟步按掌

略顺缠，呼气

四十八　单鞭

双手顺缠螺旋上升，身螺旋下沉，重心偏左（注意手合肘开）

旋腕进肘变右勾手掤出

开左胸，右腕同肩高，左手沉至腹前眼看勾手，重心偏右

沉，提左膝，肘膝相合，眼看左前，吸气沉胯

贴地蹬出，略后半脚掌，重心偏右

第二章 陈氏太极拳第一路分解动作拳照·口令

沉，扣右脚靠

穿掌倒重心

坐腕，沉

左手略走上弧，吸气
开，重心偏左

塌左掌根，正身，放松，呼气，
下沉，勾手掤圆，两虎口说
上话，重心略偏右

陈氏太极拳老架图片·口令

四十九　前招、后招

坐腕右掤

左上捋（左手在左眼前上方，右手在头前上中线，动作要快）

开右脚（约180度）跟左脚，右手下沉向右后上翻，左掌下沉到腹部中线，胸向西北角

上引下进加掤劲（重心在右，动作速度稍快）

第二章　陈氏太极拳第一路分解动作拳照·口令

左脚踏实

双掌先沉，再向左前

向左发，胸向西南角，动作要快，右脚前扫半步

欲右发，沉

右发（双手右上左下，上下相对，胸向正西，双手与右脚上下在一条垂直线上），重心左右左

五十　野马分鬃

1. 塌掌根，收右脚，提右膝，右手沉至右膝里侧，指尖向前下，左手逆缠上掤

2. 出右脚，穿右掌

3. 肩靠，右手上挑外捌，左手下採，开左胸，右脚渐渐踏实，重心先左后右（动作要慢）

4. 右上掤

5. 左上将

6. 沉胯，再身右转180度，重心右左右

7. 提左膝，沉左掌，掤右臂

第二章 陈氏太极拳第一路分解动作拳照·口令

8 落左脚，穿左掌

9 开右胸，左脚渐渐踏实，重心先右后左

10 上掤沉胯

11 右转

12 下按

13 腰再左转，横掌向左发劲

五十一 大六封四闭

1. 左前掤
2. 右下捋
3. 走肩走肘走手向左前打,重心在右

4. 开左脚,倒重心
5. 跟右脚

第二章 陈氏太极拳第一路分解动作拳照·口令

提膝开胸

合，蹬右脚，略前落脚

跟左步按掌

呼气，手略变顺缠

五十二 单鞭

1. 双手顺缠螺旋上升，身螺旋下沉，重心偏左（注意手合肘开）

2. 旋腕进肘变右勾手掤出

3. 开左胸，右腕同肩高，左手沉至腹前眼看勾手，重心偏右

4. 沉，提左膝，肘膝相合，眼看左前，吸气沉胯

5. 贴地蹬出，略后半脚掌，重心偏右

第二章 陈氏太极拳第一路分解动作拳照·口令

6. 沉，扣右脚靠

7. 穿掌倒重心

8. 坐腕，沉

9. 左手略走上弧，吸气开，重心偏左

10. 塌左掌根，正身，放松，呼气，下沉，勾手掤圆，两虎口说上话，重心略偏右

五十三 双震脚

1. 左掤
2. 右上捋
3. 右下按

4. 再转腰向左前，掤出
5. 塌掌根，扣左脚，膝里合

第二章　陈氏太极拳第一路分解动作拳照·口令

开胸，左手顺缠上升在左肩左侧略前，右手逆缠上翻至右眼右前

身右转90度，转至胸向西。开胸突腹，含胸塌腰，变右虚步，左手合至右肘弯（动作要快）

胸微左旋按掌，呼气

吸气，提右膝，双掌上托左脚跟，右脚尖左逆右顺蹬地，双手顺缠腾空上托，右高左低

双逆缠下按震脚

五十四 玉女穿梭

1. 双逆缠略加掤劲
2. 变双顺缠，提膝托掌（肘膝相合）
3. 胸左旋90度，双手横掌，右前左后，捌开，双臂掤圆

4. 沉胯推左掌，落右脚
5. 穿右掌，收左掌，上左脚
6. 抹掌右旋，腾空，落脚（转身时，以左脚根、左掌根为轴）

第二章 陈氏太极拳第一路分解动作拳照·口令

五十五 懒扎衣

1. 身微右转，再左转

2. 重心全在左脚，提右膝，肘膝相合

3. 再手合脚开，蹬右脚

4. 走肩胯靠（右手左前引，肩胯右后靠），重心由左变右

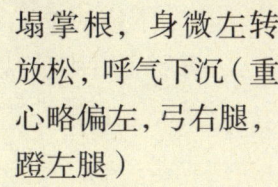

5. 扣左脚，以腰带动

6. 走肘走手

7. 塌掌根，身微左转放松，呼气下沉（重心略偏左，弓右腿，蹬左腿）

五十六 六封四闭

1. 身微右转,加掤劲再微左转向左前下引(丹田和两手同时转一圈)

2. 右手引至腹前中线外折腕45度夹角,右肘与左膝里合,重心偏右

3. 合,左手虎口贴腹,右手逆缠旋转至左肘下,右手臂里侧外掤保持半圆形

4. 双臂腕交合处向右上

5. 挤,下边对准右膝,两臂里侧形成半圆,重心偏左

6. 下塌

7. 外碾(两手相距一小臂远)重心偏右

第二章　陈氏太极拳第一路分解动作拳照·口令

坠肘开胸　　　　　旋腕　　　　　　合掌挑肘，眼
　　　　　　　　　　　　　　　　　看右

沉　　　　　　　跟步按掌呼气　　　略顺缠，重心在右

五十七　单鞭

1. 双手顺缠螺旋上升，身螺旋下沉，重心偏左（注意手合肘开）

2. 旋腕进肘变右勾手掤出

3. 开左胸，右腕同肩高，左手沉至腹前眼看勾手，重心偏右

4. 沉，提左膝，肘膝相合，眼看左前，吸气沉胯

5. 贴地蹬出，重心偏右

第二章　陈氏太极拳第一路分解动作拳照·口令

沉，扣右脚靠　　　　穿掌坐腕倒重心　　　　沉

左手略走上弧，吸气开，重心偏左

塌左掌根，正身，放松，呼气，下沉，勾手掤圆，两虎口说上话，重心略偏右

五十八　运手

| 1 双手塌掌根，左上捋 | 2 收左脚右上掤 | 3 沉（加大掤劲） |

4 提右膝合，左手掤　　5 左掤右砍，上右步（盖步）　　6 提左膝，合

第二章 陈氏太极拳第一路分解动作拳照·口令

右掤左砍，迈左脚　　　提右膝合，左手掤　　　左掤右砍，上右步
　　　　　　　　　　　　　　　　　　　　　　　（盖步）

提左膝，合

右掤左砍，迈左脚

五十九　双摆莲

1. 跟右脚，双手左掤（动作要慢）

2. 迈左脚，双手右上捋

3. 右旋转近180度下沉，裆合，手脚、肩胯、肘膝上下相合，重心倒向左

4. 右脚向左踢

5. 右摆，拍脚（胸腰开合，动作要快）

六十 跌叉

左引右进，两腕左上右下

走绞劲合，肘膝上下合

跌叉，两臂撑圆，拳心右上左下斜相合

六十一　左右金鸡独立

1. 欲合先开

2. 弓左腿，蹬右腿，冲左拳，掤右肘，沉右拳，拳心相合，重心由右偏左，起身

3. 跟步右拳合于左肘里侧

4. 双拳略沉，变掌

5. 提右膝，左下右上，独立托右掌（动作要慢）

6. 沉

第二章 陈氏太极拳第一路分解动作拳照·口令

双手下沉,再右上左下捌开

震脚,呼气,速度要快

双手右下掤,左上捋,右蹬脚铲出

右下捋,重心偏右

旋左腕,以腰带动,由脚而腿而腰

托左掌

左脚向左后旋,再提左膝,右手下沉,两手虎口斜向合

陈氏太极拳老架图片·口令

六十二 倒卷肱

开　　　　　　　　　　　合

撤步,呼气(劲运中指肚)　　再开,重心偏前　　合,重心偏后,双掌根纵向合,两肘横向合,两膝里合

第二章 陈氏太极拳第一路分解动作拳照·口令

6 吸气,合肘,收脚

7 撤

8 开

9 合

10 合肘收脚

11 撤（顿步与开臂出掌同时完成，每步以先开—合—撤—松顺序）

六十三　退步压肘

1　双逆缠掤开，变左顺右逆掤

2　左引

3　引靠

4　螺旋沉，上下合

5　发，右手在右眼右前方，左手在腹前中线，重心偏左（欲横向开，先上下合）

第二章　陈氏太极拳第一路分解动作拳照·口令

横向捯开，左手虎口贴腹，掌心向里，指尖向右前下，右手大拇指领劲，开

左手轻贴腹部下，勾腕

收腹，突出左肘与右手合

撇，出左掌，收右掌（右手抓拿手型合在左胸，其意用左手击敌胸面部）

六十四 中盘

1. 松劲收左手，抖右手（高于肩平，虎口向上，掌心向左前，指尖向右，中线偏右）
2. 胸左转，合肘
3. 出左掌
4. 右下捋

5. 开左脚
6. 倒重心
7. 走肩走手走肘走膝，蹬地而起，同时到达

第二章 陈氏太极拳第一路分解动作拳照·口令

下沉震足呼气，重心在右（动作要慢）

掤手撤脚（左脚迈步要虚灵，如临深渊，如履薄冰）

欲纵先横

（指尖先相合）腾空落地穿掌

合，沉，掌心相错

开

呼气，沉

六十五　白鹤亮翅

身微右转,重心在左腿,开裆掤手,收右脚,提膝合

斜角落步,手合脚开(步子要小)

走肩胯靠

加掤劲

斜向捌开,跟步送胯,两虎口相对

由逆缠开掌顺缠合,劲运至中指肚,裆既虚又圆

六十六 斜行

1. 右手右引胸开，左胯沉屈膝，左脚顺缠外旋

2. 右手走上弧向左打

3. 左脚逆缠，开右脚，右手沉，开左胸，左手上升

4. 向右打，身螺旋下沉，重心在左

5. 裆走下弧，倒重心，提左膝，肘膝相合，扬指坐腕，略左掤

6. 左蹬右将，重心在右

陈氏太极拳老架图片·口令

7 搂膝，右掌合于右耳旁

8 左手边勾下折腕，上提，右掌按

9 右掌推出，裆走下弧，倒重心

10 突出掌根，略走上弧开

11 正身放松，呼气下沉

六十七 闪通背

1. 身微右转，手合肘开，掌心朝下，指尖相对

2. 身左转开

3. 身右转合

4. 掌心朝上，搓上去，重心偏左

5. 合肘扣左脚

6. 左脚后扫

陈氏太极拳老架图片·口令

开胸

抖手，左胯下沉

合，开

再开

合打（右手抓拿手型）

提左膝，手背相叠

第二章 陈氏太极拳第一路分解动作拳照·口令

13 落左脚

14 踏实穿掌，开左胸

15 左手顺缠下插，右手逆缠坐腕

16 左手上托，右手上掤，双脚以前脚掌为轴，突出左胯，双手过头

17 右腿后扫，肘膝相合

六十八　掩手肱锤

1 沉

2 提膝

3 震脚合手，出左脚

4 开左胸，撇右拳

5 合肘

6 开

7 再开

8 合（拳掌在一条线上）

9 打（拳打在正西偏北）

六十九　大六封四闭

掤、引

合

挤

开左脚，倒重心

跟右脚，手领脚随，走圆

提膝，开胸

落脚合手

跟步按掌

略顺缠推掌于呼气同时完成

七十　单鞭

双手顺缠螺旋上升，身螺旋下沉，重心偏左（注意手合肘开）

旋腕进肘变右勾手掤出

开左胸，右腕同肩高，左手沉至腹前，眼看勾手，重心偏右

沉，提左膝，肘膝相合，眼看左前，吸气沉胯

贴地蹬出，重心偏右

第二章　陈氏太极拳第一路分解动作拳照·口令

沉，扣右脚靠　　　　　　穿掌坐腕，倒重心　　　　　沉

左手略走上弧，吸
气开，重心偏左

塌左掌根，正身，放松，呼气，
下沉，勾手掤圆，两虎口说
上话，重心略偏右

七十一　运手

1 塌掌根，右掤左上捋

2 沉，收左脚右上掤

3 蹬左脚，加大掤劲

4 提右膝并步，左前掤手

5 右掤左砍，迈左脚

6 提右膝并步，左前掤手

7 右掤左砍，迈左脚

第二章 陈氏太极拳第一路分解动作拳照·口令

七十二 高探马

1 收右脚掤手

2 撤右脚合手

3 靠

4 双臂开

5 再开

6 左臂下沉上托，右臂略向后上翻，膝里扣，同时扣右脚

7 手合，右手旋腕右耳下，坠肘，上下相合，两手相合

8 扫（后扣扫），收左掌，掤右掌，脚到手到，同时完成

七十三 十字单摆莲

双逆缠,略右转开

左转约45度,合(左手上合于右肘弯里侧),重心偏右

右转约90度掤肘,(左肘略低,两肘劲对称掤圆)

提左膝,肘膝相合

自左前(东北角)铲出,左右手同时左下右上逆缠展开(左手在左膝外侧)

左顺右逆

扣左脚,两手相交(左手走上弧,右手走下弧)

倒重心,偏左变右再变左,左手拍右脚,走剪刀劲

握拳沉

第二章 陈氏太极拳第一路分解动作拳照·口令

七十四 指裆锤

震右脚出左脚，双掌变拳右下引，左拳在胸前中线，右手在右膝外侧

双拳先右掤

再向左发劲（两拳心向左前）

再左掤

右下引

再左上打，左拳心向里，虎口向左，右拳虎口朝上

身左转45度升，双手逆缠开

再右转45度沉（右拳合于左肘弯里侧）

左转指裆锤

七十五　白猿献果

扣左膝沉，左肘里合，右腕上提

右拳里下折腕提至胸前，身下沉，拳上提，左肘与右拳斜向，上下相合

开左脚倒重心，提右膝，右拳先下沉，走下弧，再螺旋上冲（收腹吸气，提肛松胯）

七十六　六封四闭

双拳合于右胸前，虎口皆向前，略前落右脚

双拳再逆缠按掌

再顺缠上搓

七十七　单鞭

1. 双手顺缠螺旋上升，身螺旋下沉，重心偏左（注意手合肘开）

2. 旋腕进肘变右勾手掤出

3. 开左胸，右腕同肩高，左手沉至腹前，眼看勾手，重心偏右

4. 沉，提左膝，肘膝相合，眼看左前，吸气沉胯

5. 贴地略后半脚掌蹬出，重心偏右

第二章 陈氏太极拳第一路分解动作拳照·口令

6 沉，扣右脚靠

7 穿掌坐腕，倒重心

8 沉

9 左手略走上弧，吸气开，重心偏左

10 塌左掌根，正身，放松，呼气，下沉，勾手掤圆，两虎口说上话，重心略偏右

七十八 雀地龙（铺地锦）

先左掤

右上捋，
由掌变拳

再左引右进，合
（两腕交叉），
重心左右左

掤开，重心偏右，左
脚里扣，左拳沉至左
膝里侧，右拳掤至右
眼右前上方，两拳心
左上右下斜向合

第二章　陈氏太极拳第一路分解动作拳照·口令

七十九　上步七星

开左脚冲左拳,沉右拳,掤右肘,倒重心(左)

冲右拳,上右脚成右虚步(两腕交叉左里右外)

身微左转再微右转,双拳变掌前上掤,(两腕交叉)再随身翻腕,双掌左前右里,左腕向前发,重心移右再速移偏左后(腰胯后坐)

陈氏太极拳老架图片·口令

八十 退步跨虎

开胸（身微左转）

掌根向前发劲

横向开，掤肘

上抖下塌
（身微右转沉）

顺缠，旋腕沉肘，右转90度

加掤劲双手下开

再加掤劲开

合，收左脚（顺缠），虚步（左脚尖不超过右脚尖）

第二章 陈氏太极拳第一路分解动作拳照·口令

八十一 转身双摆莲

1. 身微左转约15度，双手先加掤劲再斜向捌开

2. 右转约150度，上升略下沉，双掌裂开

3. 右脚以脚跟为轴旋135度

4. 左脚里合前提，里合腿旋约135度

5. 左下蹬右上捋，两手距离与肩同宽

6. 沉，身右转180度

7. 倒重心向前，双腕放松下沉

8. 向左踢，向右摆

9. 再左转"打"，收腹吸气沉胯（拍脚）

八十二 当头炮

1. 收掌变拳略里下收至胸前，收腹吸气提肛合

2. 双拳自右下而左上掤，同时，右脚向右后下蹬，双拳左上贯拳与右脚后蹬同时完成

3. 身微左转下沉，拳双逆缠开（与肩同宽）

4. 微右转60度，合，重心先左后移偏后，左拳收至中线，右拳收于右腹前，略里上勾腕

5. 双拳向前掤出，虎口皆向上，左拳偏前略高，右拳偏里略低，双臂掤圆

八十三　金刚捣碓

1. 双拳变掌向前掤出

2. 再右上捋

3. 沉裆走下弧，倒重心，左肘与左膝相合，左手松

4. 撩掌上步

5. 握拳

6. 沉

7. 提膝，吸气，沉胯

8. 震足沉气，拳掌合击，手与小腹约一拳之隔

收势

1. 右左右旋

2. 分掌于身体两侧，掌心相合，指尖相对

3. 逆缠里转，掌心朝下，手按身起，气沉丹田

4. 恢复自然状态

5. 一路拳，面南起式，面北收式

第三章

陈氏太极拳第二路（炮锤）
分解动作拳照·口令

一 预备式

二路拳71式
教学视频
微信扫码购买

入静，全身放松，持自然状态

自我内视，检查周身

头颈正直，百会穴上领，齿轻合，唇轻闭（下额微向里收），两眼平视前方（虚领顶劲）

立身中正，含胸塌腰，沉肩坠肘。腰脊要有上下对拉拔长之感

（两肩微向前卷，放松下沉，肘不贴肋），两手自然下沉贴于两腿外侧。

圆裆松胯，两膝微曲有合之意，双腿内侧有后外撑之意，两脚与肩同宽，五趾抓地，涌泉穴要空

全身放松，呼吸自然，意存丹田

上述要点，贯穿整个拳套的始终，必须时刻注意做到

二 金刚捣碓

坐腕

边提、边塌、边转（自左而右）

两肘微里收

右下按

双手左逆右顺向左前掤，眼视左兼顾右，重心在右

塌掌根，双掌走外弧

向右捋，同时开右脚75度，重心偏左

向右捋，重心偏右，沉肩坠肘松胯，倒重心，收提左膝，肘膝相合

第三章　陈氏太极拳第二路（炮锤）分解动作拳照·口令

9　脚向左前下蹬，手向右后上捋，重心偏右移左

10　沉，裆走下弧，倒重心

11　上身中正，左肘与左膝相合，左手掌心向下，右手侧立掌与右膝合

12　开左脚脚尖向前，撩掌上步，右脚走里弧，三点同时到达

13　合沉（突出左肘）

14　沉，握拳，胸微左旋再右旋

15　吸气，提膝落掌，突出右肘

16　震足沉气，手与小腹一拳之隔，两脚与肩宽

三 懒扎衣

1

双手顺缠
右前引

2

走下弧自右而
左上，再变掌

3

向前上掤出，
双腕交叉点在
胸前中线

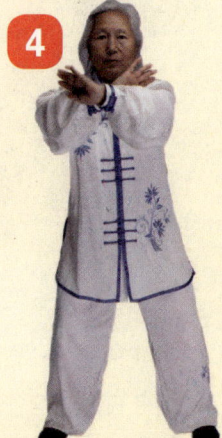

4

加掤劲

5

欲开先合

6

重心由左变右，两虎
口说上话（指左右双
掌虎口相对）

7

沉，身微右转
（重心移左）

第三章 陈氏太极拳第二路（炮锤）分解动作拳照·口令

8 提右膝，肘膝相合

9 左手走上弧，右手走下弧，再手合，脚开，蹬右脚（略后落脚，大约半脚掌）

10 走肩胯靠（右手左前上引，肩胯右后靠），重心由左变右

11 扣左脚，加掤劲，以腰带动，吸气

12 走肘走手，向右展开，略走上弧

13 塌掌根，身略左转放松，呼气螺旋下沉（重心略偏左，弓右腿，蹬左腿）

四　六封四闭

1. 身微右转，加掤劲再微左转向左前下引，丹田和两手同时转一圈

2. 右手引至腹前中线，外折腕45度夹角，右肘与左膝里合，重心偏右

3. 微左转，合，沉，掌心相对

4. 双臂腕交合处向右挤，下边对准右膝，两臂里侧形成半圆，重心偏左

5. 下塌

6. 外碾（两手相距一小臂远），重心偏右

第三章 陈氏太极拳第二路（炮锤）分解动作拳照·口令

坠肘，开胸，旋腕

合掌

挑肘，眼看右，
重心偏右

沉，跟步按掌呼气

两手略顺缠，
重心偏右

五 单鞭

1. 双手顺缠螺旋上升，身螺旋下沉，重心偏左（注意手合肘开）

2. 旋腕进肘变右勾手掤出

3. 开左胸，右腕同肩高，左手沉至腹前，眼看勾手，重心偏右

4. 沉，提左膝，肘膝相合，眼看左前，吸气沉胯

5. 脚跟里侧着地，略后半脚掌贴地蹬出，重心偏右

6. 沉，扣右脚，走肩胯靠，重心偏左

7. 穿掌坐腕倒重心，沉

8. 左手略走上弧，吸气开，重心偏左

9. 塌左掌根，正身，放松，呼气下沉，勾手掤圆，两虎口说上话，重心略偏右，弓左腿，蹬右腿

第三章 陈氏太极拳第二路（炮锤）分解动作拳照·口令

六　搬拦肘

以肩为轴，左前挪

腰为主宰，丹田带动，右转下沉，左前变拳

欲前先后，向左侧发劲磋步

以肩为轴，双手画圆

左手拳心向下，在左膝外侧，右手拳心向上，置胸前中线

向身体右侧磋步发力

七 跃步护心锤

右转（约45度）下沉，再左转105度上升

左前掤

欲上先下

双拳过头抡起，左脚先起先落

右脚慢起慢落，左拳至腹前20厘米左右，右拳至鼻前约35厘米，耳听身后

第三章　陈氏太极拳第二路（炮锤）分解动作拳照·口令

双拳逆缠捌开

再顺缠进肘，重心略偏左

螺旋向右下沉，重心偏左

沉左提右，上下相合

打（发绞劲），右拳偏上外，左拳偏里下

陈氏太极拳老架图片·口令

八 跃步斜行

（左旋）升，右转约90度，变插掌合，（身下沉）重心右左右

右大指在左肩处，左掌下插（先快后慢）

开，掌心相错，右脚画里后弧成虚步，左手至左眼左前，右手在右膝略外上方，眼左顾右盼，耳听身后

身左转约45度上升，左手顺缠，右手先顺后逆，提右膝

震右脚，右手下按，提左膝，肘膝相合

蹬左脚，右将，重心在右

第三章　陈氏太极拳第二路（炮锤）分解动作拳照·口令

搂膝，右掌合于右耳旁，左手变勾下折腕，上提，右掌按

右掌推出，裆走下弧，倒重心

突出掌根，略走上弧开

正身放松，呼气下沉

九　煞腰压肘拳

左前掤，握拳，身向右转，右捋

身向左转沉，先合后开

两脚腾空拳心开中欲合，类似海底翻花，动作快，臂伸展七八分

第三章 陈氏太极拳第二路（炮锤）分解动作拳照·口令

十 井缆直入

左转45度下沉，双拳至左膝两侧，较快

右转165度，右脚尖外转约90度，掤右掌（大指领劲），左掌于左耳旁

右转约90度上升，提左膝

沉，插左掌，眼先看右再看左，耳听身后，虚步点地，右手里合至左腋下

十一 风扫梅花

右转约90度沉,两掌掤开,突出左跨

身转约270度沉,右脚跟提起,脚尖点地后扫,左手至左眼左前,右手至右肋右侧外

第三章　陈氏太极拳第二路（炮锤）分解动作拳照·口令

十二　金刚捣碓

开左脚脚尖向前，撩掌上步，右脚走里弧，三点同时到达

合沉（突出左肘）

沉，握拳，胸微左旋再右旋

吸气，提膝落掌，突出右肘

震足沉气，手与小腹约一拳之隔，两脚与肩同宽

十三　庇身锤

拳掌由右而左
而右旋一圈

拳变掌

左右挪开，掌心
相对，指尖相合

撤右脚，手合脚
开（同十字手），
重心偏左

两掌走一平面
圆变拳

突出右肘，眼
看右

双臂再挪开，
虎口向上，重
心偏右

第三章 陈氏太极拳第二路（炮锤）分解动作拳照·口令

8 双臂再逆缠捌开，重心偏左

9 再进肘，手上升，身下沉肘合拳开，重心偏左

10 拳合肘开，螺旋下沉

11 左肘与右膝相合，右拳沉至右膝外侧

12 沉左拳，掤右臂

13 再顺缠里合，重心偏右

14 逆缠扣左脚，走背折靠（右拳、左肘与左脚尖成一条斜线）

十四　撇身锤

腾空再合

左转约45度升，右转90度沉（重心右左右），左腿先顺后逆，合，左拳逆缠（至左胸约45厘米），再变顺缠至两膝中线。右腿先逆后顺，右拳顺缠（至右肩右前，拳心向上略偏左），再逆缠里合（经鼻前合于左肩前），两脚跟蹬地调裆下沉（略腾空）

左转升，右转沉，左转90度上升，向左侧磋步（略腾空），左手经右肘里下向左上发劲，位在左眼前约50厘米，右拳向右下划弧发劲，位在右大腿右侧上略前

第三章 陈氏太极拳第二路（炮锤）分解动作拳照·口令

十五　斩手

左前掤

左转升，右转约90度下沉，左拳先逆再顺，右拳先顺再逆（左手护中）

右转沉，左转约135度升，左脚尖外转90度，右脚实沉，掤左掌合右拳，眼看左侧兼顾右，耳听身右后

身微右转再向左转约15度沉，提右膝，手开

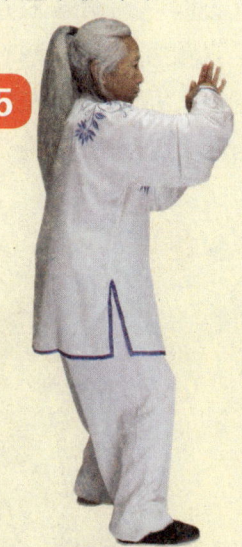

震脚合，眼视拳，耳听身后

十六 翻花舞袖

1

身快速右旋约45度升，重心偏左，拳掌双逆略开变双顺缠合，左掌在头前略上，右拳合于左肘弯里侧略上，突出左胯

2

身向后下沉再左上升旋转约180度，双脚跟离地，双手错开左升右沉，左手在胸前偏左，右手在右膝前，臂半圆，坐胯，以手领劲，身随手转，脚随身转，上下相合

3

继续向左旋180度

4

双掌右前左后，发下劈劲

5

手劈脚震，呼气同时完成

第三章 陈氏太极拳第二路（炮锤）分解动作拳照·口令

十七 掩手肱锤

沉

提膝震脚合手，
向左前，上左步

开左胸，撇右拳

合

对开

再开，坠肘提拳

（掌拳在一条线上）
吸气，沉胯

打（走肩走肘走手）

十八　飞步拗鸾肘

1. 前掤
2. 收右拳，提左膝，合，右旋45度
3. 上左脚，冲右拳
4. 收右拳，迈右脚

5. 抖左掌，迈左脚，同时身左转315度升（迈左脚，沉）
6. 开胸
7. 含胸合肘（右拳不离心口）

第三章　陈氏太极拳第二路（炮锤）分解动作拳照·口令

十九　运手（前三）

收右脚左掤

左转45度升，眼看左手兼顾右耳听身后

上引下进（提右膝合，迈脚掤手，身转20度，眼看身右侧，耳听身后）

提膝，肘膝相合，吸气沉胯

插步掤手（眼左顾右盼，身先沉左转15度再右转45度升）

穿掌，倒重心

提膝，肘膝相合，吸气沉胯

上引下进（迈步左掤身转45度沉），重心在左

二十　高探马

1. 欲右先左转45度,身再右转135度,手先左掤

2. 手右捋,左手砍掌

3. 再收右掌

4. 发左掤掌（重心左右左,速度较快）

5. 收左掌

6. 开胸,掤右掌

7. 收右掌,身转约45度沉（速度很快）

8. 开胸翻左掌,身右转约135度,提右膝合（上下合,左右开,速度很快）

第三章 陈氏太极拳第二路（炮锤）分解动作拳照·口令

二十一　运手（后三）

右旋90度沉（速度很快），震右脚迈左脚，右掤眼看左

倒重心，提右膝，肘膝相合，吸气沉胯

插步左掤（右转约45度再左转90度沉，略升）

倒重心，提左膝，肘膝相合，吸气沉胯（欲开先合，提左膝，较快）

迈左步右掤，身右转90度沉

二十二 高探马

沉

收右脚，掤手

撤右脚，合手

靠

双臂开

第三章 陈氏太极拳第二路（炮锤）分解动作拳照·口令

二十三 连环炮（一）

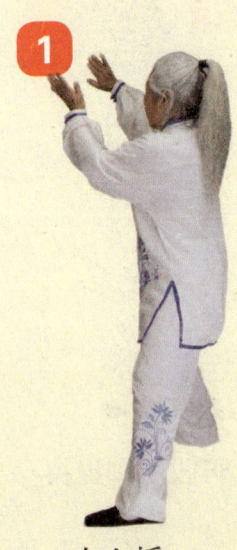

右上捋

下按

左前掤

右前掤，身右转约45度右引沉

先略左转再右转，身体里旋"s"

左旋约140度升，双手顺缠掤，左脚后扫沉，左脚虚步

陈氏太极拳老架图片·口令

右掤撤左脚　　　贴地捋　　　再收右脚提捋

提右膝（上下合），手开　　　铲右脚开（下开），手合（至两耳下）　　　磋步发劲（呼气）

第三章 陈氏太极拳第二路（炮锤）分解动作拳照·口令

二十四　连环炮（二）

1. 掤手撤（左）脚，（手像六封四闭 3 略高）
2. 双顺缠贴地捋（两手同肩宽）身左旋 60 度沉
3. 收右脚提捋

4. 提右膝（上下合）手开
5. 铲右脚开（下开），手合（至两耳下）
6. 磋步发劲（呼气）

二十五 连环炮（三）

掤手撤（左）脚

双顺缠贴地捋（两手同肩宽）身左旋60度沉

再收右脚提捋

提右膝（上下合）手开

铲右脚开（下开），手合（至两耳下）

磋步发劲（呼气）

第三章 陈氏太极拳第二路（炮锤）分解动作拳照·口令

二十六　倒麒麟

1 左转45度升，右转90度沉

2 双腕画圆

3 合

4 胸腰右转，掤肘，成拗步

5 提膝合，眼左顾右盼，速度很快

6 左蹬脚

7 右转90度合

二十七 白蛇吐信（一）

再转90度落脚沉，合

顿步穿掌（顿步发劲、穿掌、呼气同时完成）

第三章 陈氏太极拳第二路（炮锤）分解动作拳照·口令

二十八 白蛇吐信（二）

双逆缠开（身右转45度）

双顺缠合（身左转再右转提左膝）

上步

顿步穿掌，沉

二十九　白蛇吐信（三）

双逆缠开

双顺缠合

上步沉

顿步穿掌

第三章　陈氏太极拳第二路（炮锤）分解动作拳照·口令

三十　转身海底翻花

以腰为主宰，先左转40度

后右转180度，重心先右后左，两手拳心开中欲合，沉

三十一　掩手肱锤

提膝，合

震脚，手交叉，迈左脚（重心在右）

开左胸，撇右拳

合肘

开

再开

（拳掌在一条线上），沉

打

第三章 陈氏太极拳第二路（炮锤）分解动作拳照·口令

三十二　转身六合

身先左转，开

再右转50度沉，手逆缠合（气贴脊背，较快）

身微右转沉，手双逆缠开

变略顺缠再开至两膝外侧拳心向上

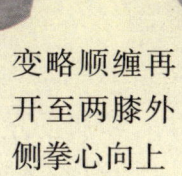

身先略左转升，再右转约270度沉，再升拳逆变双顺，再双逆交叉合

三十三 左裹鞭炮（一）

震脚沉，蹬左脚，手双逆缠交叉，身先右后左转

沉

双脚向左侧磋步，双拳发劲呼气

三十四　左裹鞭炮（二）

1. 提膝，盖步 
2. 手交叉
3. 沉
4. 磋步发劲

三十五 右裹鞭炮（一）

身右转 45 度　　　身左转升再左后转约 225 度沉，左手前掤右手后掤再交叉，左脚同时后扫　　　沉

搓步发劲

沉

三十六 右裹鞭炮（二）

盖步交叉

出左脚沉

右沉

磋步发劲

三十七 兽头势

1. 左转约45度升，右转约50度沉

2. 撤右脚顺缠，掤左手

3. 右转30度升，左转约75度沉

4. 撤左脚顺缠，掤右手（注意多处折叠）

第三章 陈氏太极拳第二路（炮捶）分解动作拳照·口令

三十八 劈架子

抖右掌，身左转约15度收左掌

再沉右掌升左腕，右脚顺缠

再逆缠合（先快后慢）

右转90度沉调裆，左顺右逆双臂交叉合

左转升，右转45度沉，再左转50度升，双脚磋步，双手抖分

三十九　翻花舞袖

1. 左前掤

2. 右下将

3. 翻身，调裆下劈

第三章 陈氏太极拳第二路（炮锤）分解动作拳照·口令

四十 掩手肱锤

1 提膝，吸气沉胯

2 震右脚迈左脚，手交叉

3 开左胸，撇右拳

4 合肘

5 开

6 再开

7 合（拳掌在一条线上）

8 打

四十一 伏虎

1. 右转45度沉

2. 左转45度升

3. 拳双逆缠变顺缠合

4. 右转135度再左转135度，右拳逆顺至右侧上，左拳沉顺变略逆略里上折腕（拳心斜向合），重心由左变右

第三章　陈氏太极拳第二路（炮锤）分解动作拳照·口令

四十二　抹眉红

1. 右拳变掌屈肘外折，身右转沉

2. 提左膝

3. 左转330度升

4. 沉，坐腕推右掌，力贯指尖

5. 旋360度顺缠，落地上下左右相合

四十三　右黄龙三搅水

1. 右掤手撤左脚，身右旋45度，再左旋100度

2. 并右脚于左脚旁，手再顺缠至腹前中线，外折腕，左手拳面抵腰，眼兼顾左

3. 身左转45度沉，手顺缠合于两眼中线，撤右脚

4. 身右转180度由沉而升，以右脚跟为轴，左脚前扫180度，右手逆缠领劲开

5. 身左旋180度，左脚后扫旋转180度，右脚并于左脚旁

6. 右掤手撤左脚，身右旋45度，再左旋100度

7. 并右脚于左脚旁，手再顺缠至腹前中线，外折腕，左手拳面抵腰，眼兼顾左

8. 身左转45度沉，手顺缠合于两眼中线，撤右脚

9. 身右转180度由沉而升，以右脚跟为轴，左脚前扫180度，右手逆缠领劲开

第三章　陈氏太极拳第二路（炮锤）分解动作拳照·口令

身左旋180度，左脚后扫旋转180度，右脚并于左脚旁

右掤手撤左脚，身右旋45度，再左旋100度

并右脚于左脚旁，手再顺缠至腹前中线，外折腕，左手拳面抵腰，眼兼顾左

身左转45度沉，手顺缠合于两眼中线，撤右脚

身右转180度由沉而升，以右脚跟为轴，左脚前扫180度，右手逆缠领劲开

身左旋180度，左脚后扫旋转180度，右脚并于左脚旁

再右转180度腾空沉，双手右顺左逆变左顺右逆，向前下臂（右手在两膝前，左手在左膝上方）

右前掤　　　左转沉

四十四　左黄龙三搅水

1. 左掤撤右脚

2. 收左脚于右脚旁，手顺缠至腹前中线，外折腕，右手拳面抵腰

3. 身右转45度沉，左手顺缠合于两眼中线，撤左脚

4. 身左转180度由沉而升，以左脚跟为轴，右前扫180度，左手逆缠领劲开

5. 身右旋180度，右脚后扫180度并于左脚旁

6. 左掤撤右脚

7. 收左脚于右脚旁，手顺缠至腹前中线，外折腕，右手拳面抵腰

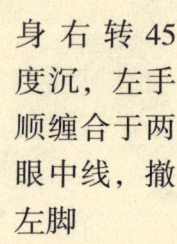

8. 身右转45度沉，左手顺缠合于两眼中线，撤左脚

第三章 陈氏太极拳第二路（炮锤）分解动作拳照·口令

⑨ 身左转180度由沉而升，以左脚跟为轴，右前扫180度，左手逆缠领劲开

⑩ 身右旋180度，右脚后扫180度并于左脚旁

⑪ 左掤撤右脚

⑫ 收左脚于右脚旁，手顺缠至腹前中线，外折腕，右手拳面抵腰

⑬ 身右转45度沉，左手顺缠合于两眼中线，撤左脚

⑭ 身左转180度由沉而升，以左脚跟为轴，右前扫180度，左手逆缠领劲开

⑮ 身右旋180度，右脚后扫180度并于左脚旁

四十五 左蹬脚

收左脚，手双顺缠合

胸微右旋，身左转20度撤右脚手掤开，再右旋45度（很快）

身右转60度收左脚，右脚尖外旋45度手合于两膝前，眼左顾右盼

提膝，肘开，左蹬脚发拳（左高右低，蓄而后发）

第三章　陈氏太极拳第二路（炮锤）分解动作拳照·口令

四十六　右蹬脚

左旋180度拗步　　　沉，双拳由双逆变　　　沉
　　　　　　　　　　双顺

提膝，开肘　　　　　　　　右蹬脚发拳（合而后发，
　　　　　　　　　　　　　发劲富有弹性）

四十七 海底翻花

1. 收手收脚（吸气后合，速度要快）

2. 扣脚提膝翻沉，左拳提至左耳门前，右拳先走肘，再向右膝外侧翻沉

第三章 陈氏太极拳第二路（炮锤）分解动作拳照·口令

四十八 掩手肱锤

双手略沉，提右膝，螺旋开

震脚手交叉迈左脚（重心在右）

开左胸，撇右拳

合肘后开

再开

合（掌拳在一条直线上）

打

四十九 扫蹚腿（转胫炮）

1. 身略左转升

2. 再向右转180度沉，扣左脚约50度双拳略逆变双顺缠合，左拳合于左耳侧约40厘米处，高与耳同右拳合于腹前（胸腰胯折叠开合）

3. 左旋升右旋沉，吸气提膝

4. 震右脚呼气

5. 略左旋

6. 再右旋450度沉

7. 左脚贴地前扫450度（右向心力与左离心力对称）

第三章 陈氏太极拳第二路（炮锤）分解动作拳照·口令

五十 掩手肱锤

1. 提膝
2. 震脚合手，向左前，上左步
3. 开左胸，撇右拳
4. 合肘开

5. 再开，坠肘提拳
6. 合（掌拳在一条线上），吸气，沉胯
7. 打（走肩走肘走手）

五十一 左冲

1. 略右转升前掤

2. 再右转90度沉，双拳逆缠掤，左前右后双顺缠沉

3. 右转45度，再左转90度腾空

4. 打，两拳右前左后

5. 身略左转15度，再右转约90度沉

6. 再右转约90度升，重心左右左右，双拳右前左后，双脚磋步发劲

第三章 陈氏太极拳第二路（炮锤）分解动作拳照·口令

五十二 右冲

略右转升前掤

再左转90度沉，双拳逆缠掤，右前左后双顺缠沉

左转45度，再右转90度腾空

打，两拳左前右后

身略右转约15度，再左转约90度沉

再左转约90度升，重心右左右左，双拳左前右后，双脚磋步发劲

五十三　倒插

身右转约45度升，拳开肘合（右拳高于右眼，同时开左脚）

左沉右升

左转90度沉，栽右拳合左拳于右肩前，右脚成虚步

第三章　陈氏太极拳第二路（炮锤）分解动作拳照·口令

五十四　海底翻花

扣脚提膝翻沉，左拳提至左耳门前，右拳先走肘，再向右膝外侧翻沉

陈氏太极拳老架图片·口令

五十五 掩手肱锤

1. 提膝，合
2. 震脚合手，向左前，上左步
3. 开左胸，撇右拳
4. 合
5. 对开
6. 再开，坠肘提拳
7. 合（掌拳在一条线上），吸气，沉胯
8. 打（走肩走肘走手）

五十六　夺二肱（一）

1. 身左转45度升

2. 再右转225度沉（重心左右左），左脚扣90度右脚贴地后扫成虚步，双拳先逆缠开再变双顺缠合于右膝前，眼视左拳

3. 身左转开，提右膝

4. 右转沉，双拳逆缠，顺缠合，震右脚，眼视双拳右侧耳，听身后（速度很快）

5. 身快速右转升

6. 再左转50度沉，收左拳，掤右肘，上右步，磋步发劲（类似青龙出水）

五十七 夺二肱（二）

1. 身左转90度沉，双拳逆缠开，左脚后踢

2. 左脚向右前上迈一大步，落左脚成拗步，双拳合

3. 提右膝，双拳开

4. 震右脚合

5. 身快速右转升，再左转50度沉

6. 收左拳，掤右肘，上右步，磋步发劲

第三章　陈氏太极拳第二路（炮锤）分解动作拳照·口令

五十八　连环炮

身快速向右转 45 度升，出左拳收右拳至右胸下肋前，眼视左拳耳听身后

身快速左转 45 度沉，收左拳到左肋下，冲右拳拳心向下，眼看右耳听身后

身快速向右转 45 度升，出左拳收右拳至右胸下肋前，眼视左拳耳听身后

五十九 玉女穿梭

1. 身左转再右转180度，先升后沉，提右膝

2. 上右脚，冲右拳

3. 上左脚，冲左拳

4. 腾空转体，双炸拳成左弓步

第三章　陈氏太极拳第二路（炮锤）分解动作拳照·口令

六十　回头当门炮

先左转升

再右转沉

再左转50度升，双拳逆缠掤，顺缠收，沉，再向前磋步发劲（磋步发劲与呼气同时完成）

六十一　玉女穿梭

身向右转45度沉，提左膝，肘膝相合同时收右拳至右胸，眼视左拳兼顾右，耳听身后

上左脚，冲左拳

身左转，上右脚，冲右拳

身左转180度先升后沉，腾空左转双炸拳

第三章 陈氏太极拳第二路（炮锤）分解动作拳照·口令

六十二　回头当门炮

先右转升，再左转50度沉

再右转50度升，双拳逆缠掤，顺缠收，沉，再向前磋步发劲

六十三　撇身锤

左转约45度升，右转90度沉（重心右左右），左腿先顺后逆，左拳逆缠（至左胸约45厘米），再变顺缠至两膝中线。右腿先逆后顺，右拳顺缠（至右肩右前，拳心向上略偏左），再逆缠里合（经鼻前合于左肩前），两脚跟蹬地调裆下沉（略腾空）

左转升，右转沉，左转90度上升，向左侧磋步（略腾空），左手经右肘里下向左上发劲，位在左肋前约50厘米，右拳向右下划弧发劲，位在右大腿右侧上略前

第三章 陈氏太极拳第二路（炮锤）分解动作拳照·口令

六十四 拗鸾肘

1. 身略转升，左前掤

2. 再右转90度沉，双拳先掤后引，眼看身左侧，耳听身后

3. 身先略右转15度沉，再左转150度升，左拳顺缠变掌，逆缠左掤至左眼左前方，右拳心向后贴在右肋旁（速度很快）

4. 身左转90度升，开胸提膝

5. 沉，合，左掌于右肘合击

6. 左转90度，掌肘上升（掤速很快），提右膝

7. 左转45度沉，迈右步

8. 右转45度，掌肘合力蹉步发劲，力贯右肘尖

六十五　顺鸾肘

1　略右转再左转180度，升提右膝左上掤

2　再右旋180度，上右脚

3　两手变拳并于两肋，以肘尖向两侧偏下发劲（速度很快）

第三章 陈氏太极拳第二路（炮锤）分解动作拳照·口令

六十六 穿心肘

身略右沉再左转180度升，提右膝，左拳变掌于右手上，左上掤

再右旋180度，上右脚左下沉，左掌合于右小臂腕下部

沉，掌肘合劲向右上方穿击（磋步发劲，右肘尖在右眼右前方）

六十七　窝里炮（又称窝底炮）

身右转45度升掤手，左脚跟离地向左后退一大步

再左转90度沉，右脚撤回虚步点地，双手变拳收

身略左转沉，右脚横向上步再右转50度升，右拳画弧右掤击，左拳贴腹左侧，以肘尖向左后略下发劲与右拳对称，左脚跟步顿地发劲

第三章　陈氏太极拳第二路（炮锤）分解动作拳照·口令

六十八　井缆直入

身快速右转45度升，再右转45度沉，右脚尖外转约80度，转右拳下沉变掌再向右前外掤

左拳贴腹变掌上扬至左耳旁，耳听身后

虚步点地，右手里合，至左腋下

六十九　风扫梅花

1

右转约90度沉，两掌掤开，突出左胯

2

身右转约270度沉再升，右脚后扫至左脚右后方，左手至左眼左前，右手至右肋右外侧，重心左右左

七十　金刚捣碓

1. 开左脚脚尖向前，撩掌上步，右脚走里弧，三点同时到

2. 合沉（突出左肘）

3. 沉，握拳，胸微左旋再右旋，吸气，提膝落掌，突出右肘

4. 震足沉气，手与小腹约一拳之隔，两脚与肩同宽

七十一 收式

1. 双手变掌黏连，身先略右转

2. 再略左转

3. 螺旋开

4. 掌心向下，身上升，双手掌下沉，归本还原。二路拳，面北起势，面南收势

后 记

守卫瑰宝　我有责

太极拳，是中国传统文化中的瑰宝，它兼备文武之道，可谓我国特有的一门既古老又新鲜的科学。它的内涵非常丰富，正如大家说的"博大精深"。它具有养生保健价值、技击护身价值和艺术享受价值。

作为女性的我，能存活下来，非常感恩我的父母。能活得健康快乐，我非常感恩我的恩师马虹先生！我第一次在石家庄参加陈氏太极拳全国面授班时，身体很瘦弱，用现在时髦的话说，很有骨感。那时候，我婆家人说，我像个细妹子，就是还没成年的孩子。拿我父亲的话说，怎么搞的？养得像个黄茄子。怎么不是呢？我从小就贫血，那时的身体状况根本不适合结婚成家。要是那个时候像现在动不动要试婚，肯定没人敢娶我。我一不会做饭，二不会做家务，三还一身病。可能是我对我先生的诚实打动了他，我先生接受了我这样的一个病弱之躯，我很感恩他。

但成家后还是小病不断（感冒常伴），每年大病住院几次。在当地就只有两家医院（精神病院、血吸虫病院）没住过，其他医院都轮着住。住的最长的一次八个半月。那时医疗费自付20%。就那样，年年还要欠账。1993年9月，我们当地的文化局老局长杨凤梧先生到临江公园教陈氏太极拳，我在拳友的劝说下开始学习太极拳。那时，我已练了流行的二十四、三十二、四十二、少林棍、武当剑……但还不敢学陈氏太极拳，认为太复杂。但学了之后，获益良多，我十分感恩劝说我学陈拳的朋友，是他们才使我走上健康的快车道。感恩杨凤梧老师教会我传统八十三式陈氏太极拳，更感恩杨凤梧老师让我参加了全国首次面授班，并与恩师马虹先生结缘。从那以后，我常给大家分享的题目是——从"地狱"到"天堂"。以后我就很少进医院了，不仅如此，我用现身说法影响了许许多多的人进入"太极圈"，获得了幸福。太极拳的好处说不完。我练了传统陈氏太极拳以后，总的感觉是：身体健康、家庭和睦、工作顺利、万事如意。

另外，我要分享的是1995年，我在第一个教学点临江公园教拳时，当地一个外家拳教练想试试我的功夫，从我身后进攻我，结果，他流血受伤了。我真不好意思，假若我知道我会伤害到他，我决不会打他。他个头高大，一米七几，年纪二十七八岁，出了事故我只好向他赔礼道歉。我想，可能是我练拳练多了，无意的动作也会伤人。回到家我想了想，可能是掩手肱锤的第二动，让他头部挂彩了。我感觉到传统陈氏太极拳的神奇。于是，当即写了一封信给恩师，我要放下工作，全身心投入太极事业中去。其实关于功夫，我到哪儿都不承认自己有功夫，只是感到有一种神奇的感觉。偶尔有人找我挑战，我说，可让你三下。也有人在我教拳时，有意来抓我手，我也跟没事一样，螺旋一下就解脱了，继续教拳。他只是望着我笑一笑，走开了。在外地教拳遇到很多奇怪的事，一次，在广西大学教拳，当地名师前来挑战，我让他先亮拳（这次，不是比武，好像是争市场一样，可我不是来争市场的，我是来代师传艺，没有其他目的）。我打了一段拳，学校师生看后，说，张老师，请上课！他乖乖地走了。

我感恩广西大学的师生！感恩广西大学的拳友！更感恩我的恩师马虹先生把传统老架、大架陈氏太极拳无私地教给我们！可以说：父母给了我身，恩师给了我命。我要用短暂的生命守护好瑰宝，传承恩师的精神，弘扬太极文化，强健中华民族，造福人类社会。

从我做起，永远行动，直至生命的最后时刻。

后记

修炼之路

前面讲了那么多，就几个词：拳生、拳展、拳大无边。面对博大精深的太极拳，有些外国人不惜一切代价来中国学太极拳。作为中国人，我们老祖宗自己的东西更应该学习好。怎样学呢？

尊重传统，忠于传统，专一持恒地、原原本本地、老老实实地学习这套陈式老架、大架、低架太极拳。我师公生前说过"这套拳是家父亲传的陈长兴正宗拳架""拳架是太极拳全部功夫的基础，所以这套拳又称功夫架"。目前，陈长兴曾孙陈发科唯一还健在的徒弟杨德厚老先生，100岁了还在北京月坛公园教拳。从多次交谈中得知：拳架就是活桩。我师父马虹先生见有些传人讲养生功，就说，"难道祖先留下的这太极拳不养生？"

人之初，身本健。是我们心神耗得太多了，所以心性发生了改变，出了偏差。国人该醒醒了！请认准祖先留下的瑰宝吧！

我们的主观思想一定要符合天之道，少一些杂念才会得到自然性。太极拳练的是自然规律——逢上必下、逢左必右、快慢相间、刚柔相济、轻沉兼备、顺逆缠丝、非圆即弧……

我们现在的条件多么好啊！有恩师留下的巨著四大本及影像资料等。学习太极拳，首要是认准学习规矩的拳法。

其次是要有崇敬心。只有有了崇敬心，才能放下身段，老实听话照作，不然就会朝三暮四。只有有了崇敬心，才能安静地专心学习，通过安静的学习自然才有智慧。只有有了崇敬心，安静学习之后有了智慧，才会把一切不净的东西去掉，慢慢就会变得法喜充满，感觉越来越有能量。

最后是要永不自满。只有永不自满才会不断进步，才会认识自己的不足，认识自己的不足就是古人说的君子求诸己。

从增强太极拳功力方面讲三点：

一要重视拳架的锻炼，包括单式训练。

二要练推手。打拳是知己功夫，推手是知彼功夫。练推手重在化解来力。是学吃亏，不是比高低。学习能容、能吞，来多少要多少，在此基础上再练发放；

三要重视器械与辅助功力训练，从而延展身肢。辅助功力训练包括：百把桩、太极大杆、太极球等。这样的辅助动力训练有利于活腰、活腕、松胯，加强下盘力量。

从生活上讲三点

一要均衡营养，适量运动。

二要戒烟，限酒。

三要充足睡眠，跟着太阳走。

最后我借世界太极拳网中的《太极健康财富歌》送给大家

　　　　　　人之初，身本健。

　　　　　　心神耗，性乃偏。

　　　　　　劳即妄，养不善。

　　　　　　体若病，苦不堪。

　　　　　　太极拳，财福缘。

　　　　　　易上手，随处练。

　　　　　　可娱情，可深研。

　　　　　　动静生，法自然。

　　　　　　颐亲朋，见笑颜。

　　　　　　取不尽，是金山。

　　　　　　福报随，终身伴。

本书承蒙北京太极百岁精英杨德厚老先生作序；承蒙温县太极拳

后记

开发委员会原主任、温县国际太极拳年会原常务副秘书长、温县体育局原局长，现中国国际太极拳网站主编原福全先生，在百忙之中作"金菊荣秋在幽馨"为序，我谨在此深表谢意！

  本书出版，得到了师兄弟姐妹的帮助及广大学员的赞助，特别是朱东、陈蓉等人的大力支持，让我万分感激！我将不负众望，与大家一道，牢记马虹恩师的"忠诚继承，精研力践，热忱传播，造福人民"的遗训，以实际行动为传承我国优秀的太极拳文化，不懈努力、奋斗一生！

2001年8月张金菊（左）和恩师马虹（右）于江西庐山